AF237894

CÓMO DIBUJAR
MANOS
Y
PIES

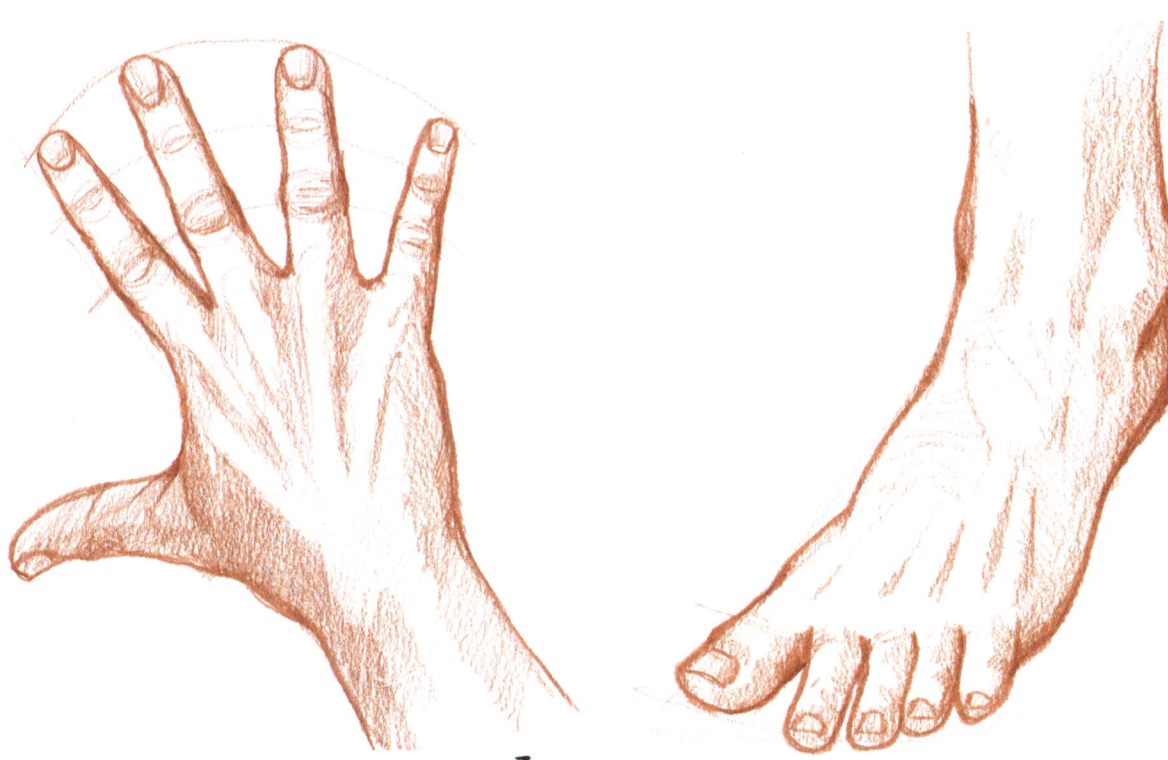

Mark Bergin

HISPANO
EUROPEA

El autor, **Mark Bergin**, nació en Hastings en 1961. Estudió en la Facultad de Bellas Artes de Eastbourne y se ha especializado en reconstrucciones históricas, además de en temas de aviación y marinos desde 1983. Vive en Bexhill-on-Sea con su mujer y sus tres hijos.

ADVERTENCIA: Los fijadores sólo deberían utilizarse bajo la supervisión de un adulto.

Título de la edición original:
How to draw hands and feet

El autor reivindica el derecho moral de ser identificado como autor de esta obra.

Ilustraciones originales de Mark Bergin

Es propiedad:
© The Salariya Book Company

© de la edición en castellano:
Editorial Hispano Europea, S. A.
Barcelona, España
E-mail: hispanoeuropea@hispanoeuropea.com

© de la traducción: David N. M. George

Toda forma de reproducción, distribución, comunicación pública o transformación de esta obra solo puede ser realizada con la autorización de sus titulares, salvo la excepción prevista por la ley. Diríjase al editor si necesita fotocopiar o digitalizar algún fragmento de esta obra.

Depósito Legal: B. B 618-2019

ISBN: 978-84-255-2144-7

www.hispanoeuropea.com

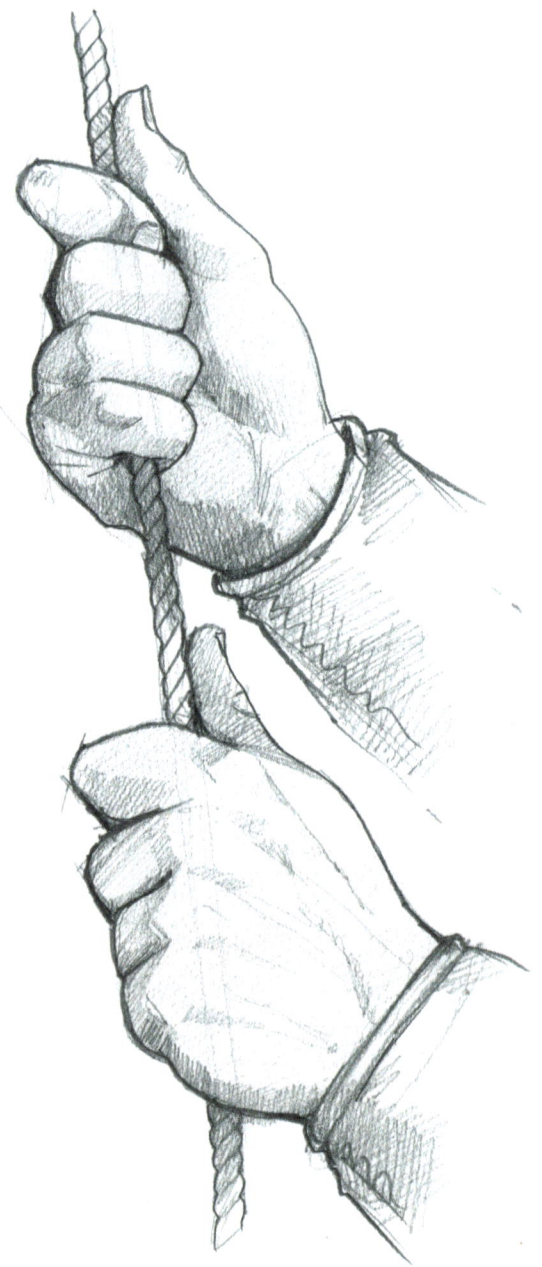

Impreso en España
Printed in Spain

Índice

Empecemos

Aprender a dibujar consiste en mirar y observar. Sigue practicando, utiliza un cuaderno de bocetos para hacer dibujos rápidos y llega a conocer bien tu tema. Empieza haciendo garabatos y experimenta con formas y modelos. Existen muchas formas de dibujar, y este libro simplemente te enseña algunos métodos. Visita galerías de arte, observa los dibujos de los artistas, fíjate en cómo dibujan tus amigos pero, sobre todo, encuentra tu propio camino.

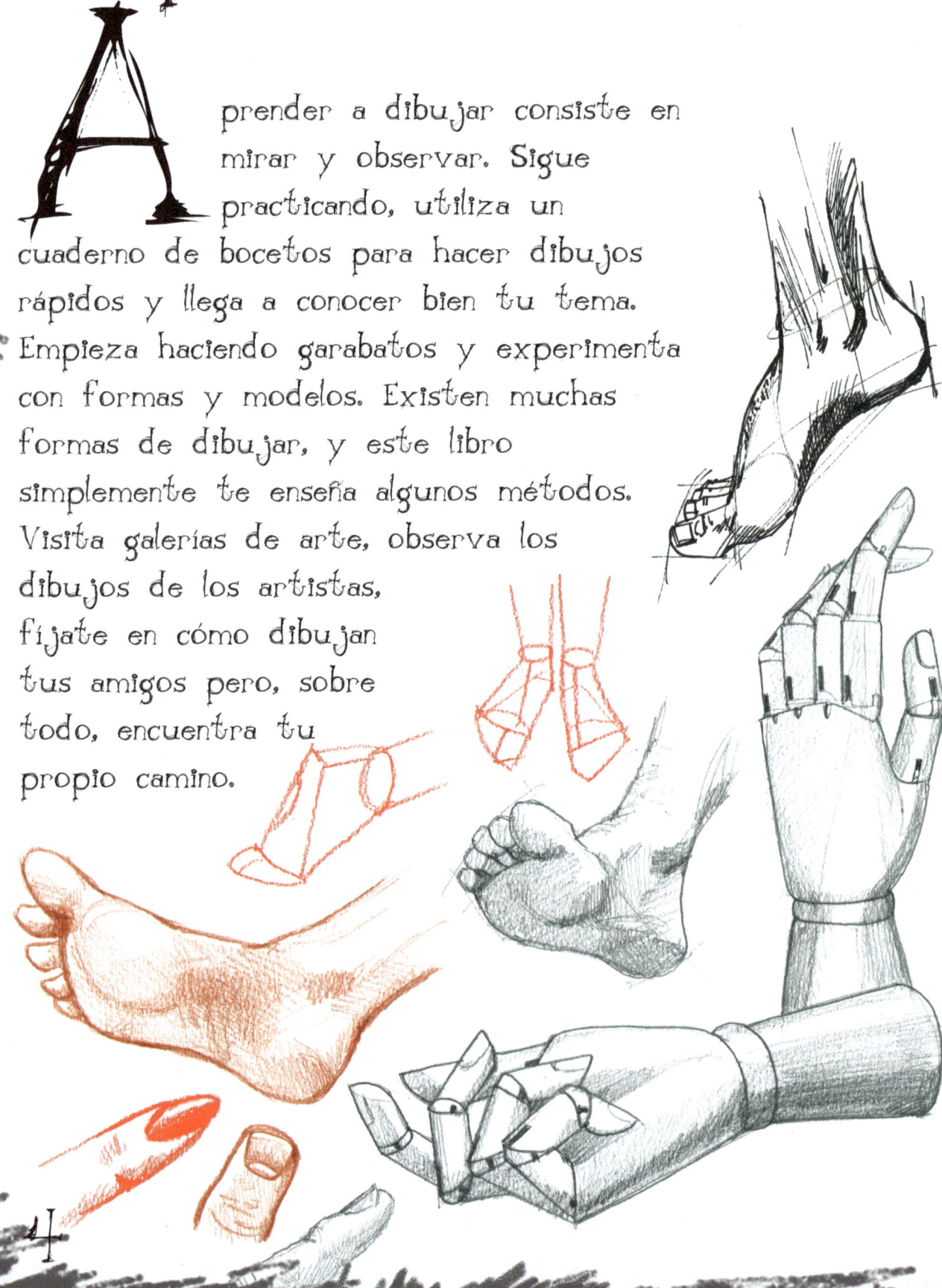

Blocs de dibujo: Siempre puedes encontrar
un modelo de manos: ¡utiliza tu propia mano!

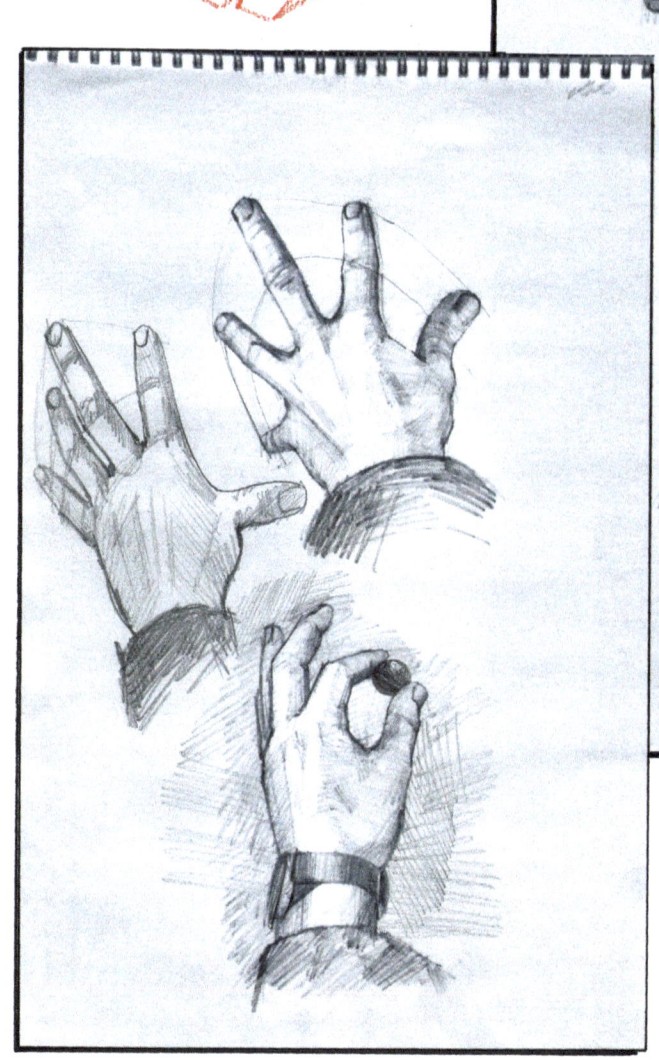

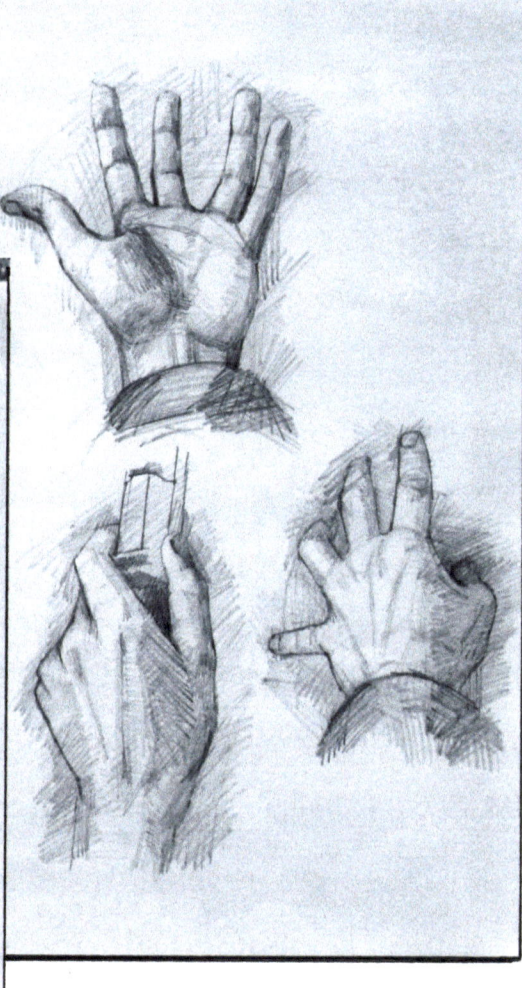

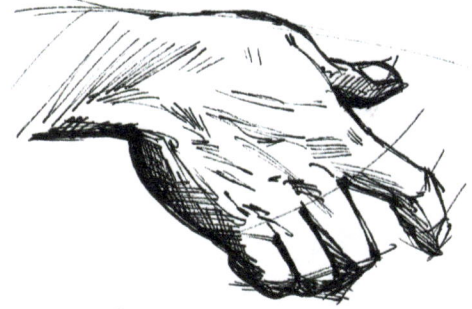

Materiales de dibujo

Después de haber escogido tu tema, deberás decidir qué medio vas a usar para representarlo. Prueba a utilizar distintos tipos de papel y materiales de dibujo. Experimenta con el carboncillo, las ceras y las pinturas al pastel. Los rotuladores y los bolígrafos te permitirán conseguir texturas interesantes. Puedes probar a dibujar con una pluma y tinta sobre papel húmedo.

Añadir luz y sombra a un dibujo con una pluma estilográfica puede resultar complicado. Rellena completamente de tinta las zonas más oscuras y usa un rayado transversal (líneas rectas que se cruzan entre sí) para los tonos oscuros regulares. Utiliza un sombreado normal (líneas rectas paralelas entre sí) para los tonos medios, y deja el papel en blanco para las zonas más claras.

Rotulador técnico

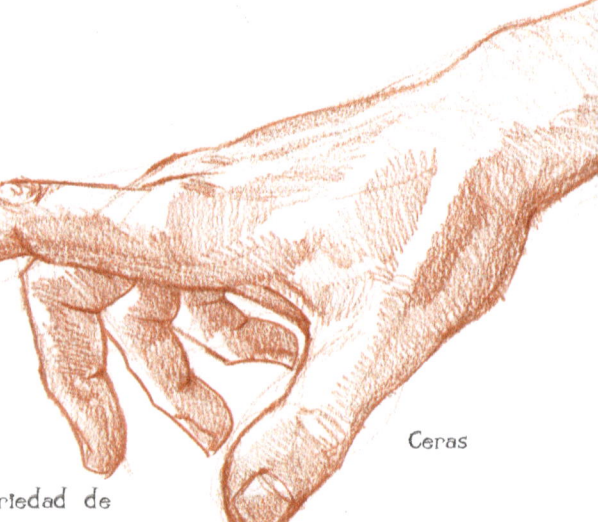

Ceras

Podemos encontrar **ceras** de una enorme variedad de colores. Son increíblemente blandas y es fácil que se emborronen. Utiliza fijador para proteger el dibujo.

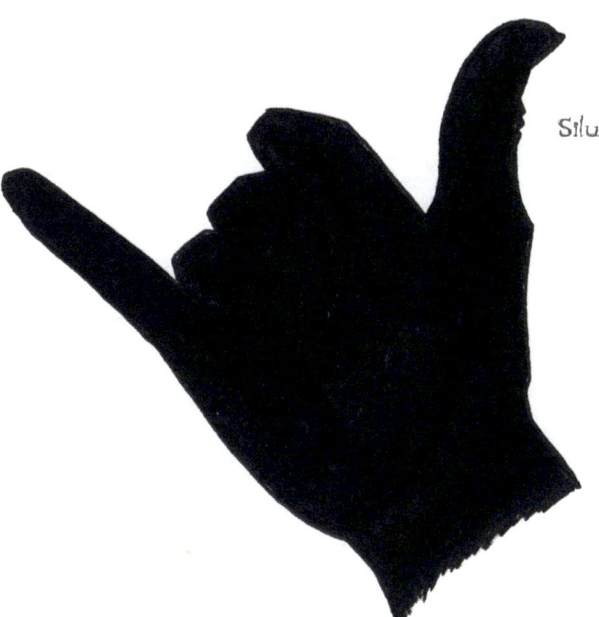

Silueta en tinta

La **silueta** es un estilo de dibujo que muestra, solamente, formas enteramente negras, como una sombra.

Los **rotuladores** de caligrafía ofrecen la misma versatilidad que un pincel, y te permiten hacer dibujos con unas líneas muy suaves o muy marcadas.

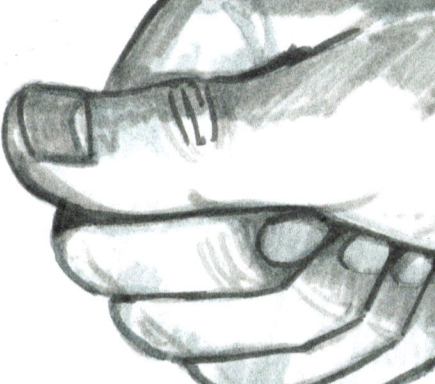

Rotuladores de caligrafía

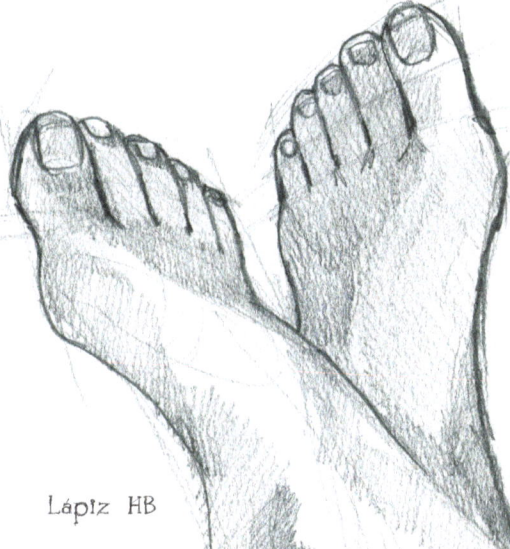

Lápiz HB

Los dibujos **a lápiz** pueden incluir una enorme cantidad de detalles y tonos. Intenta experimentar con lápices de distinta dureza para obtener variedad de efectos de luz y sombra en tu dibujo.

Recuerda que las mejores herramientas y materiales no darán lugar, necesariamente, al mejor dibujo, cosa que sí hará la práctica.

En el interior de las manos

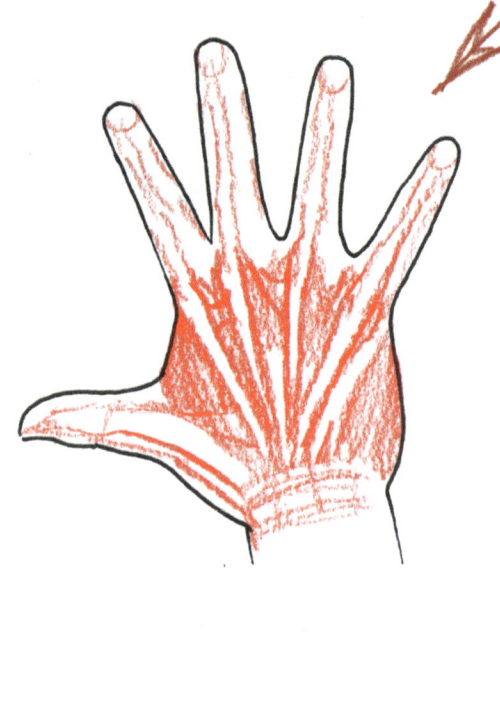

La estructura de la mano humana es muy compleja. Tiene 27 huesos, incluyendo los ocho huesos cortos del carpo (o muñeca) y las falanges (o huesos de los dedos). Para poder dibujar una mano con precisión, deberías conocer la estructura muscular y ósea subyacente que da lugar a su forma y a la complejidad de su movimiento.

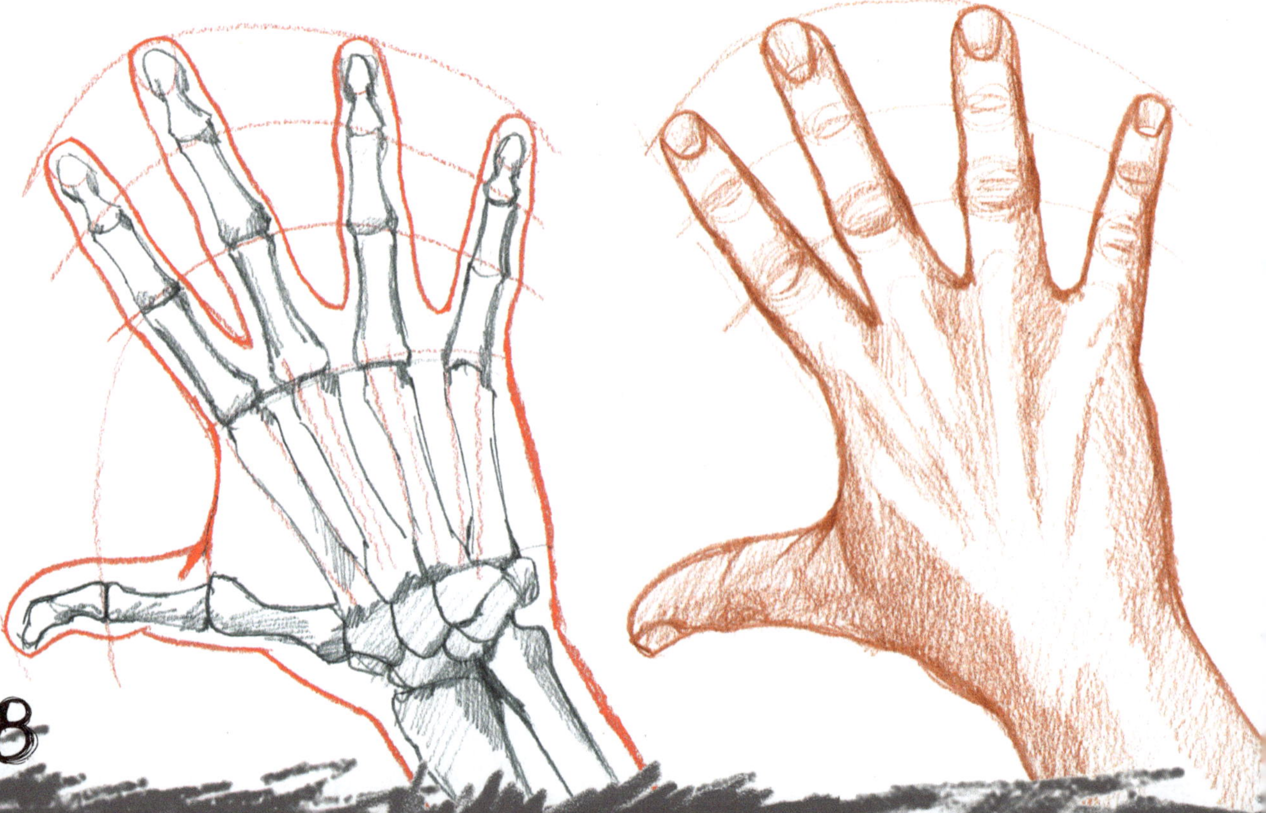

Los principales ligamentos y
músculos del dorso de la mano
(izquierda) y de la palma (derecha).

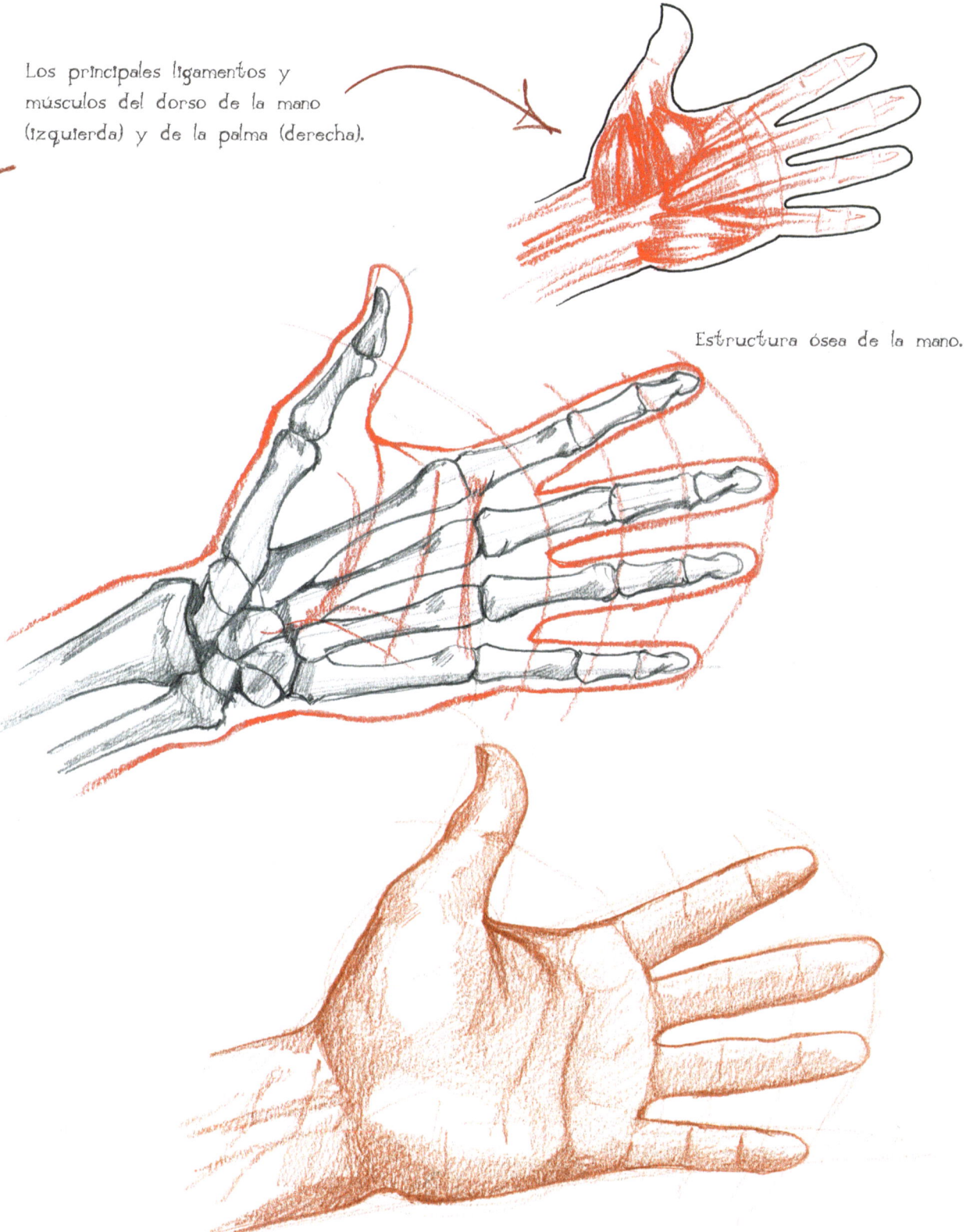

Estructura ósea de la mano.

Todas las manos tienen la misma estructura básica en cuanto a sus
huesos, ligamentos y músculos. Sin embargo, la forma y las proporciones
de las manos pueden variar considerablemente.

Estructura básica de las manos

Hacer muchos bocetos rápidos mejorará tu conocimiento de las formas y proporciones de las manos. Esto aportará a tus dibujos una mayor sensación de fuerza y precisión en cuanto a su estructura.

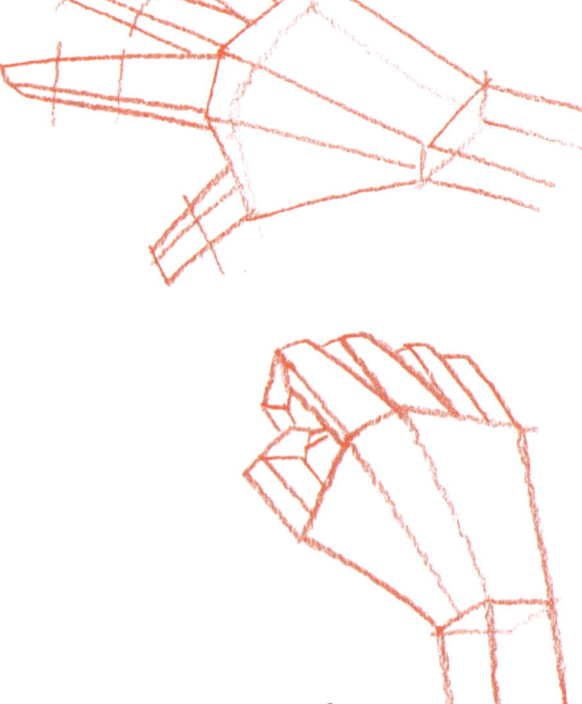

Saludando

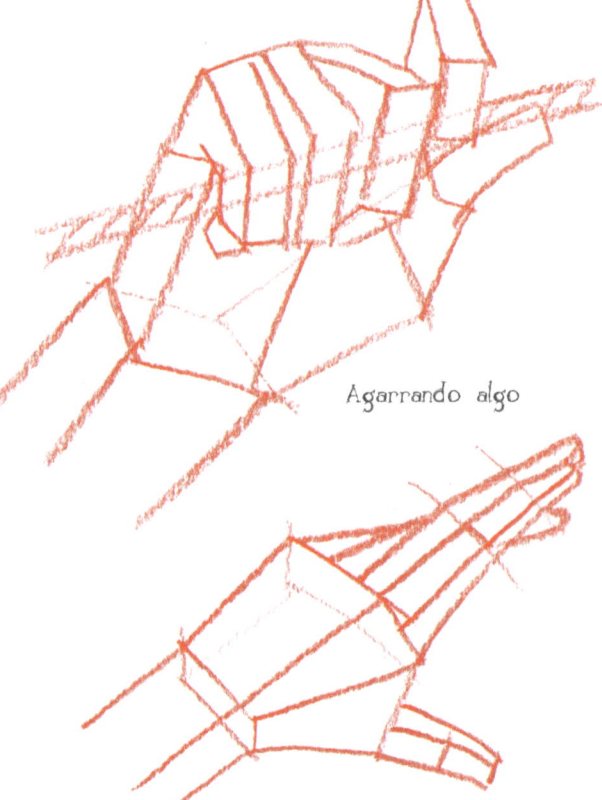

Agarrando algo

Saludando

Puño cerrado

10

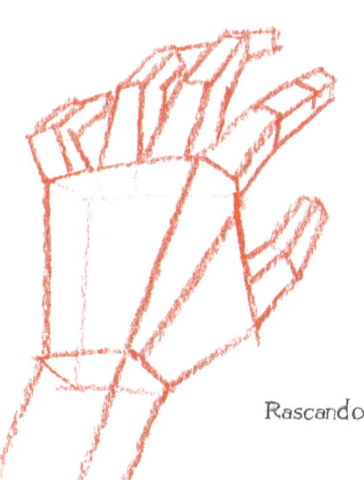

Rascando

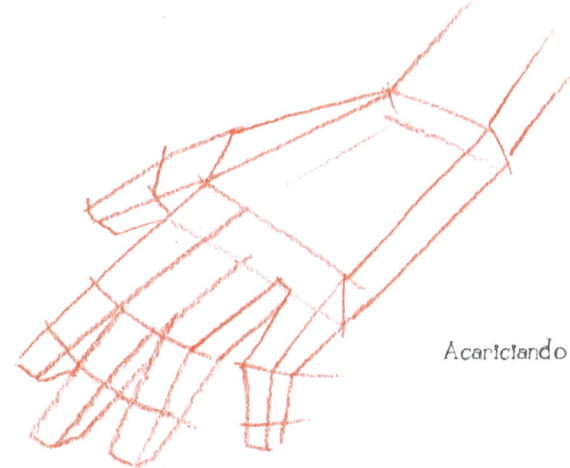

Acariciando

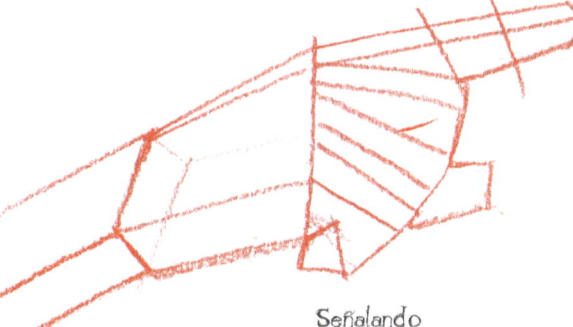

Señalando

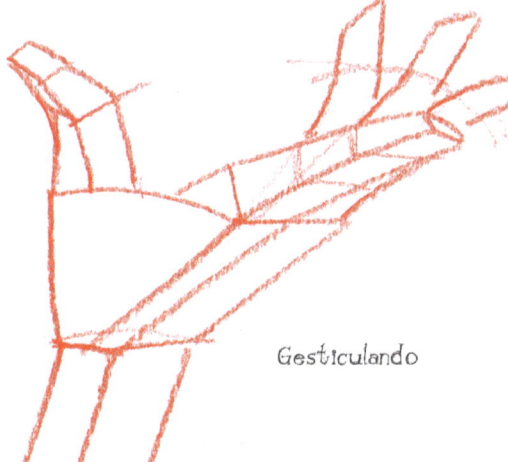

Gesticulando

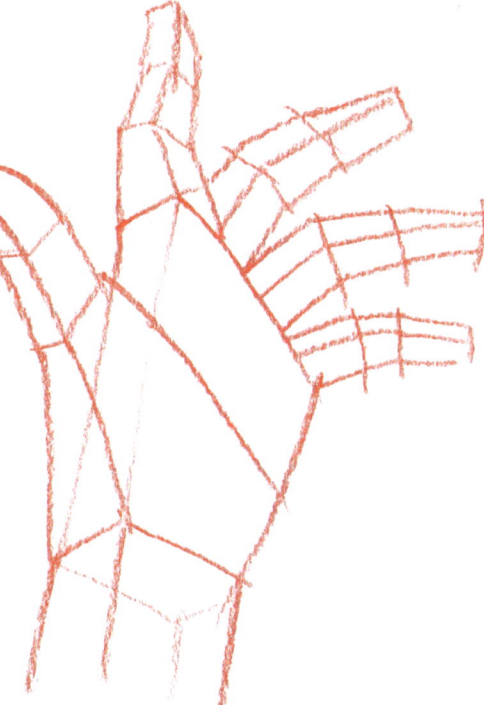

Llamando con un gesto

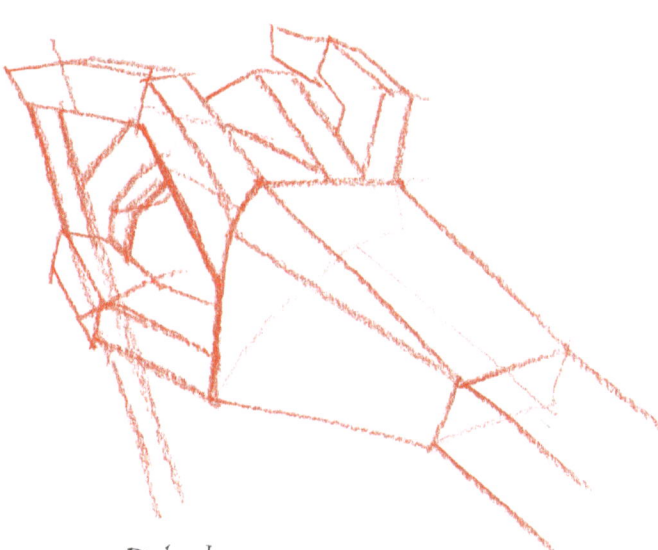

Pintando

Manos dinámicas

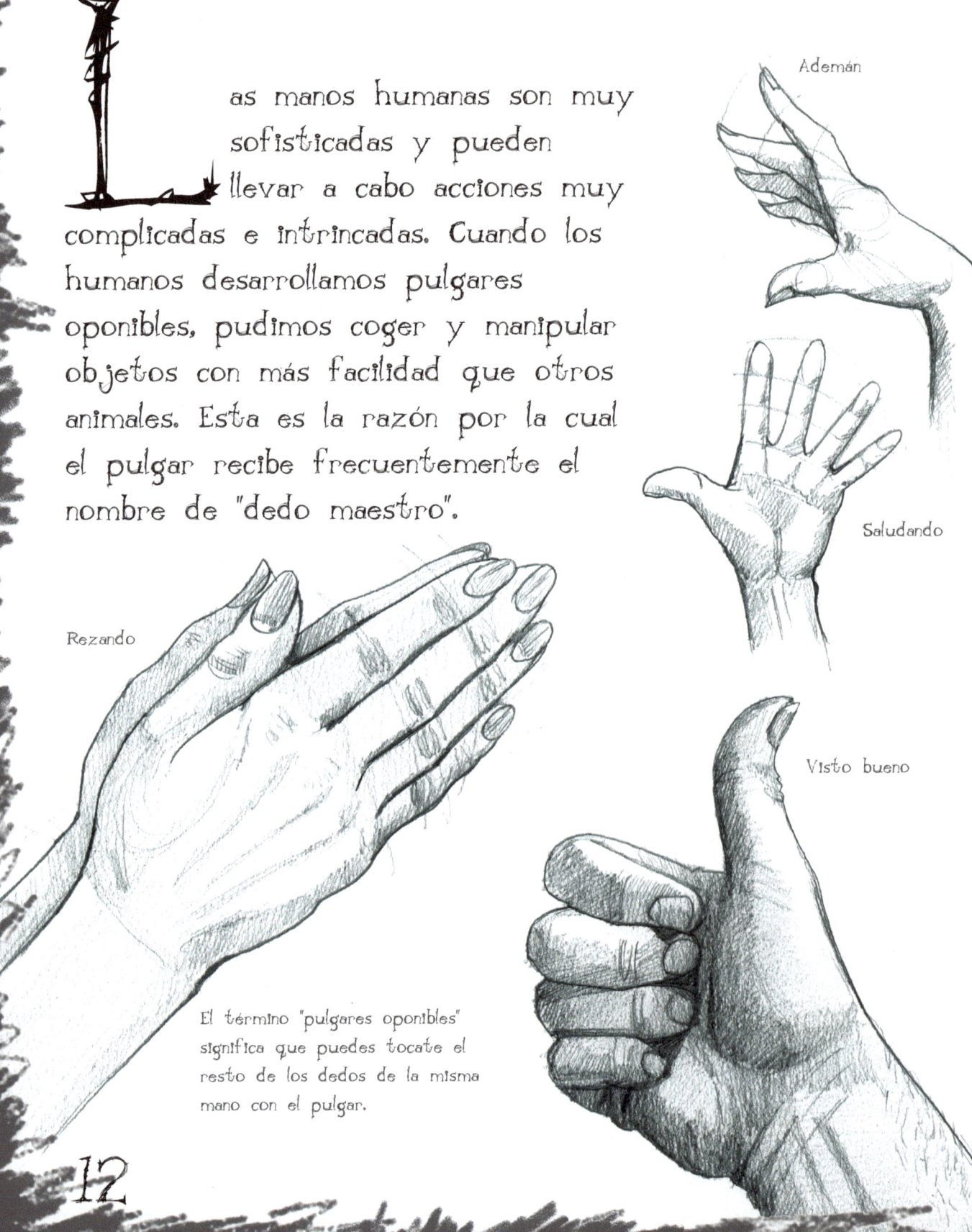

Las manos humanas son muy sofisticadas y pueden llevar a cabo acciones muy complicadas e intrincadas. Cuando los humanos desarrollamos pulgares oponibles, pudimos coger y manipular objetos con más facilidad que otros animales. Esta es la razón por la cual el pulgar recibe frecuentemente el nombre de "dedo maestro".

Ademán

Saludando

Rezando

Visto bueno

El término "pulgares oponibles" significa que puedes tocate el resto de los dedos de la misma mano con el pulgar.

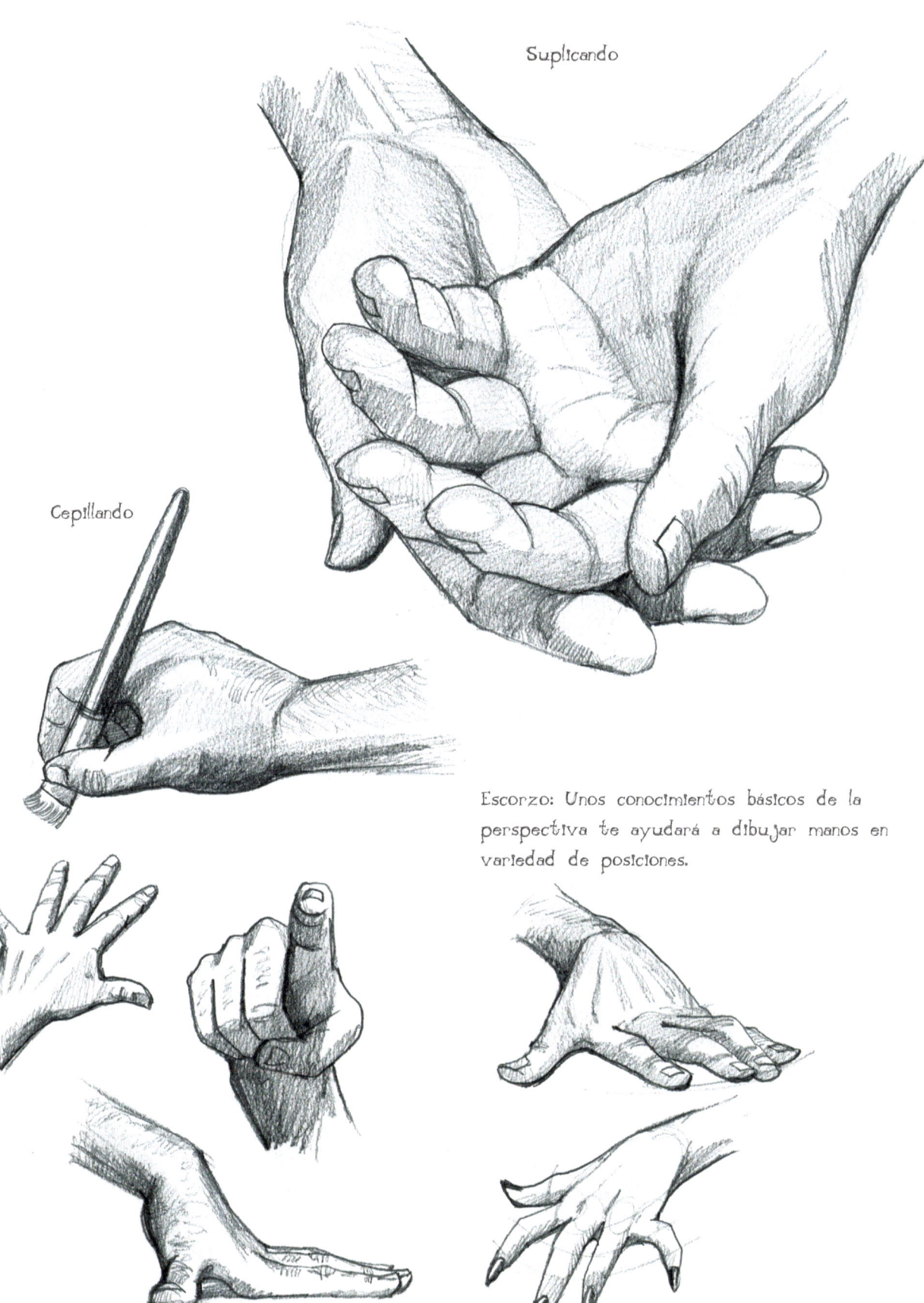

Suplicando

Cepillando

Escorzo: Unos conocimientos básicos de la
perspectiva te ayudará a dibujar manos en
variedad de posiciones.

13

Manos de distintos tamaños

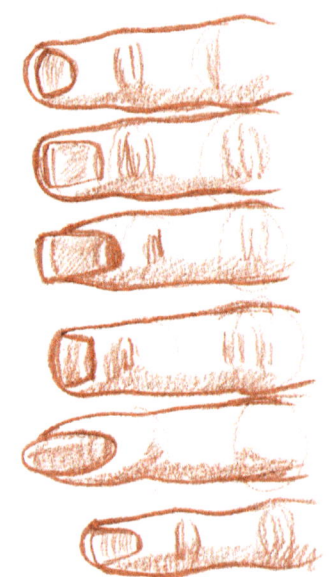

La longitud media de la mano de un hombre adulto desde la muñeca hasta la punta de los dedos es de 189 milímetros. La mano de una mujer mide unos 172 milímetros. La diferencia de tamaño entre el hombre y la mujer forma parte de lo que se llama dimorfismo sexual. Para hacer que tus dibujos sean representativos deberás mostrar las variaciones de tamaño y forma de las manos de un hombre, una mujer o un niño.

Variaciones en la forma de las uñas y los dedos (redondas, cuadradas y ovaladas).

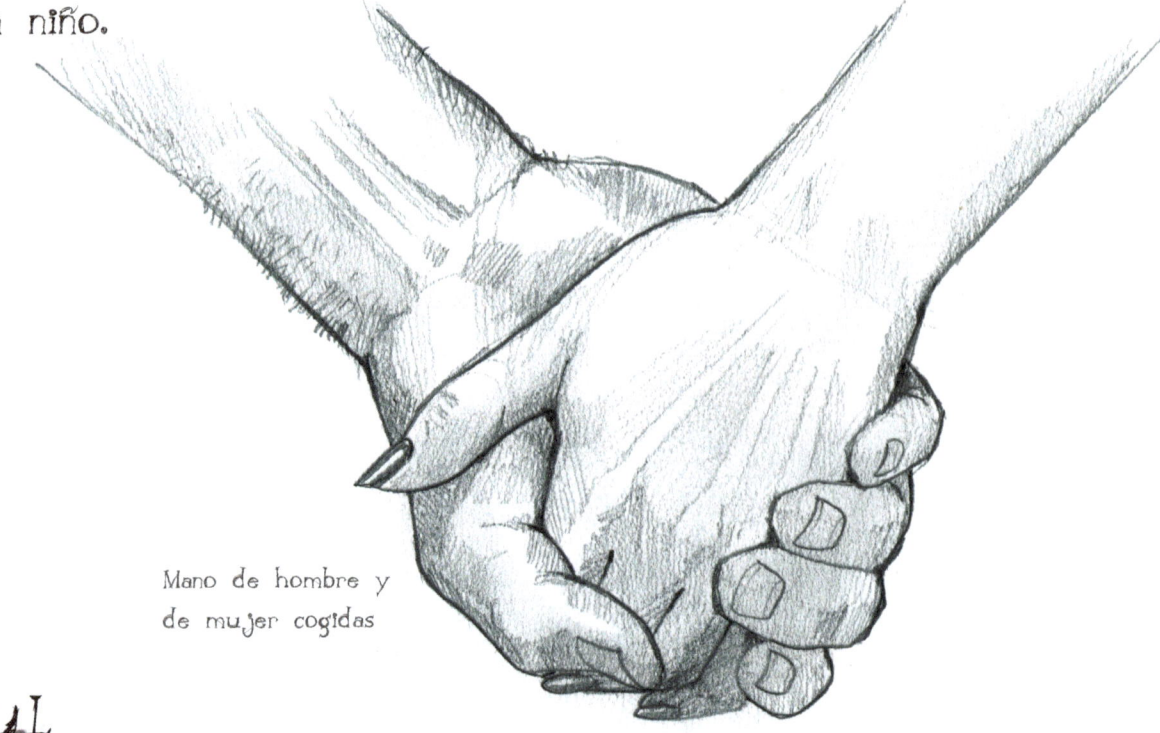

Mano de hombre y de mujer cogidas

14

Mujer

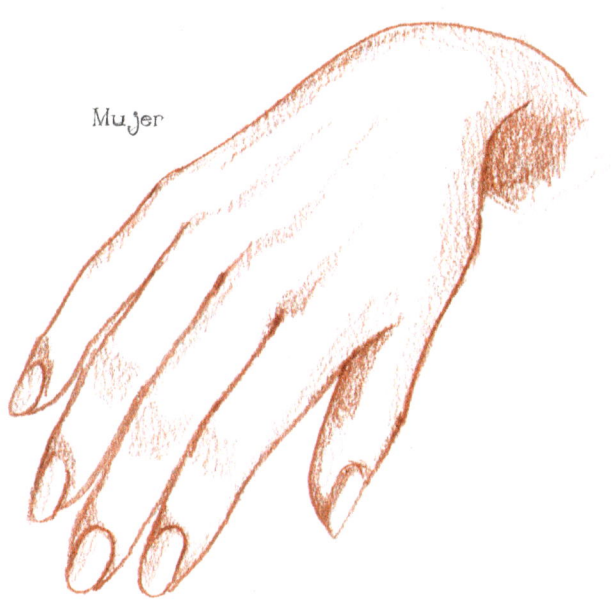

Hombre

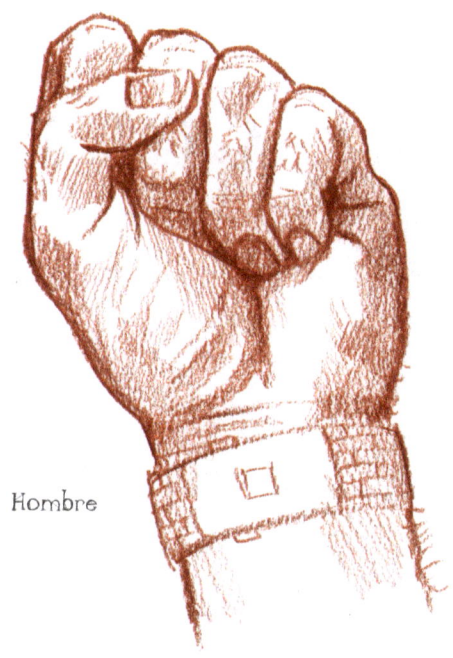

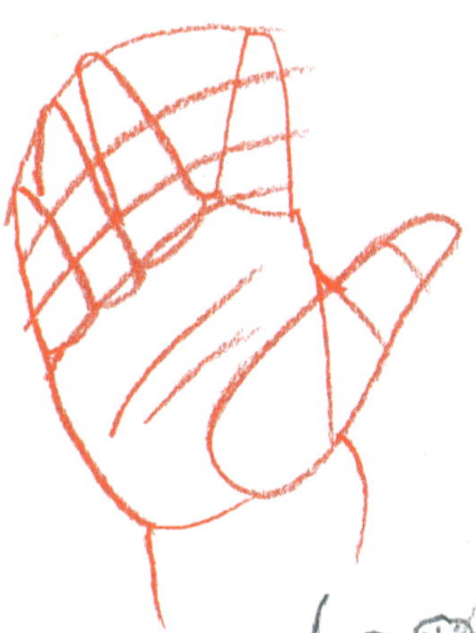

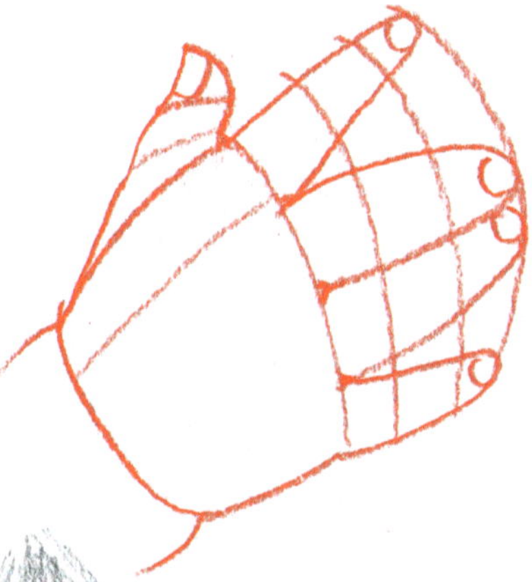

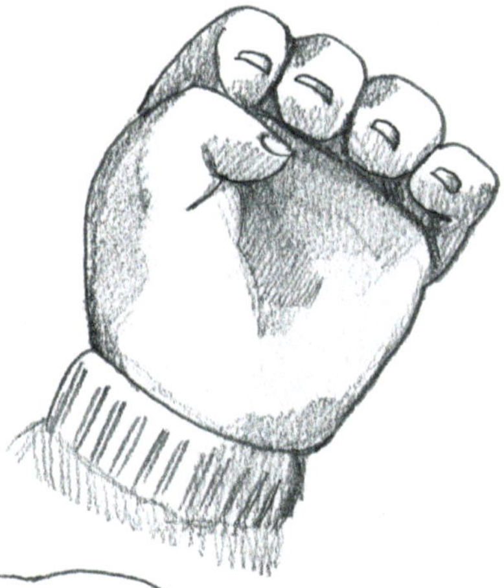

Las manos de los niños son mucho más compactas y regordetas.

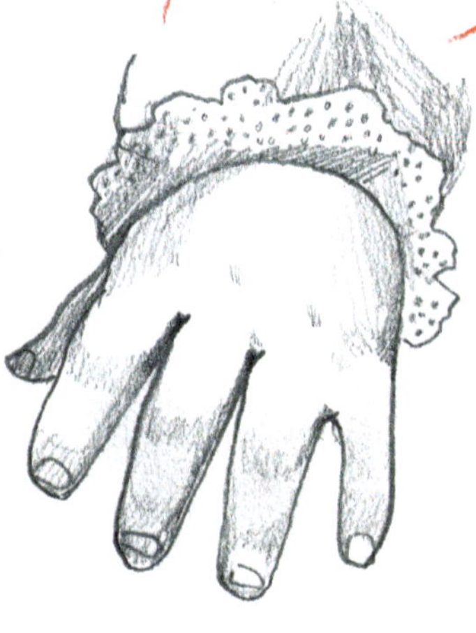

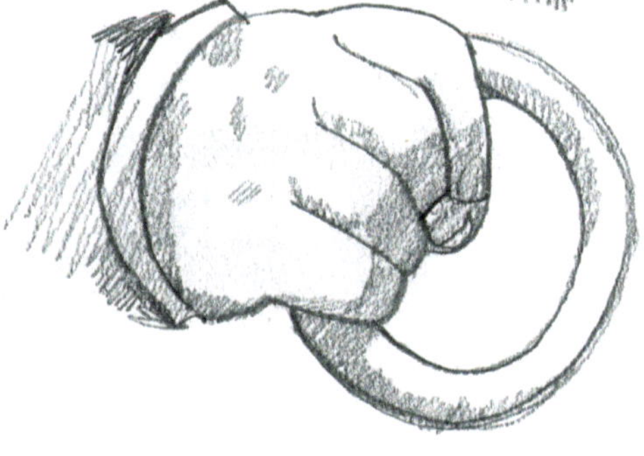

15

Las manos y el carácter

Las manos pueden revelar muchas cosas sobre el estilo de vida de una persona, como los efectos del trabajo al aire libre o de las labores manuales. Al alcanzar la vejez, las manos se arrugan, debido esto en parte a que el cuerpo produce menos colágeno y aceites. Los factores ambientales como la exposición al sol o el tabaco también contribuyen.

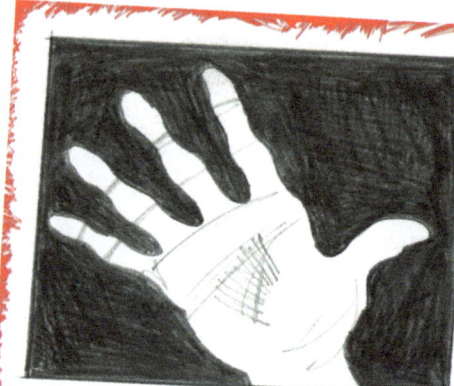

Fíjate en el espacio que hay alrededor del dibujo (**espacio negativo**) para que te ayude a comprobar las proporciones y la forma de tu dibujo.

Manos de persona anciana

Fíjate en los rasgos y las marcas que distinguen a la mano, como los tendones, las venas prominentes, el vello, las manchas y los pliegues.

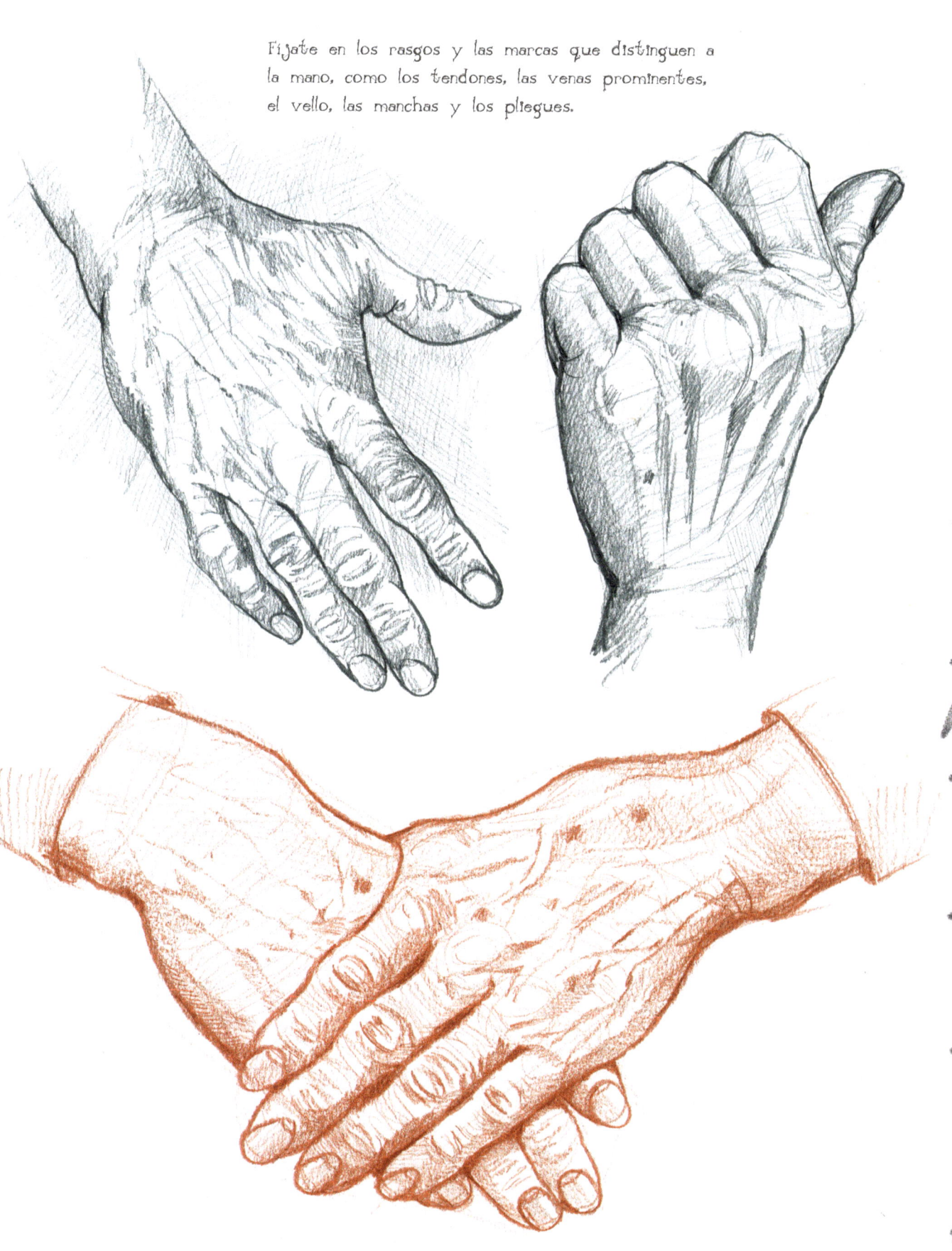

Manos con guantes

Llevamos guantes por comodidad y para protegernos las manos del mundo exterior. En el caso del deporte y las labores manuales, ayudan a evitar las heridas. Cuando hace frío, los guantes mantienen tus manos calientes y flexibles y evitan que la piel se te seque. Los guantes se fabrican con distintas finalidades y tienen muchas formas que añaden un gran interés a un dibujo.

Guantes de golf

Guantes de goma para fregar platos

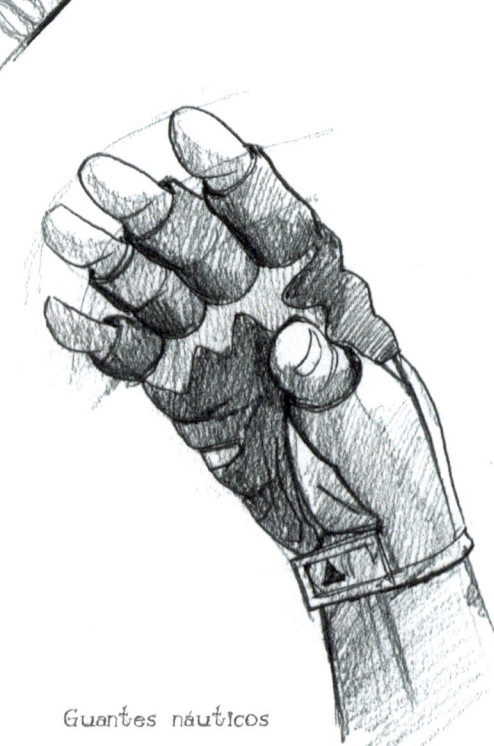

Guantes náuticos

18

Guantes de obra

Guantes de moda de mujer

Luz y sombra

Dibujar manos puede ser difícil. La observación cuidadosa de la dirección y la intensidad de la fuente de luz pueden ayudarte a definir su forma. Luego podrás utilizar matices para añadir textura y sombras a tus dibujos.

Luz desde la parte superior derecha

Fuente de lu

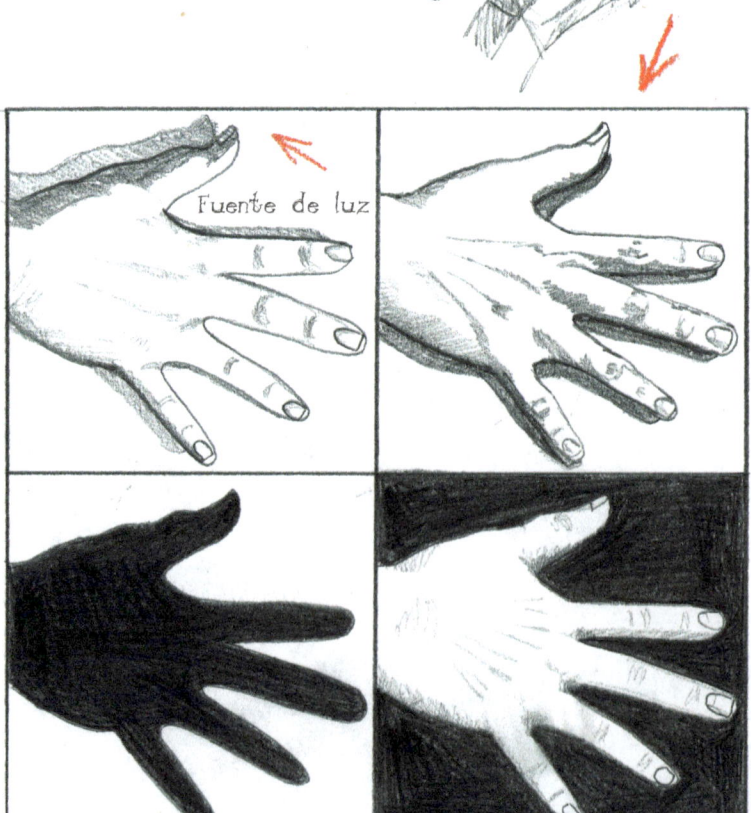

Fuente de luz

Silueta

Fondo oscuro

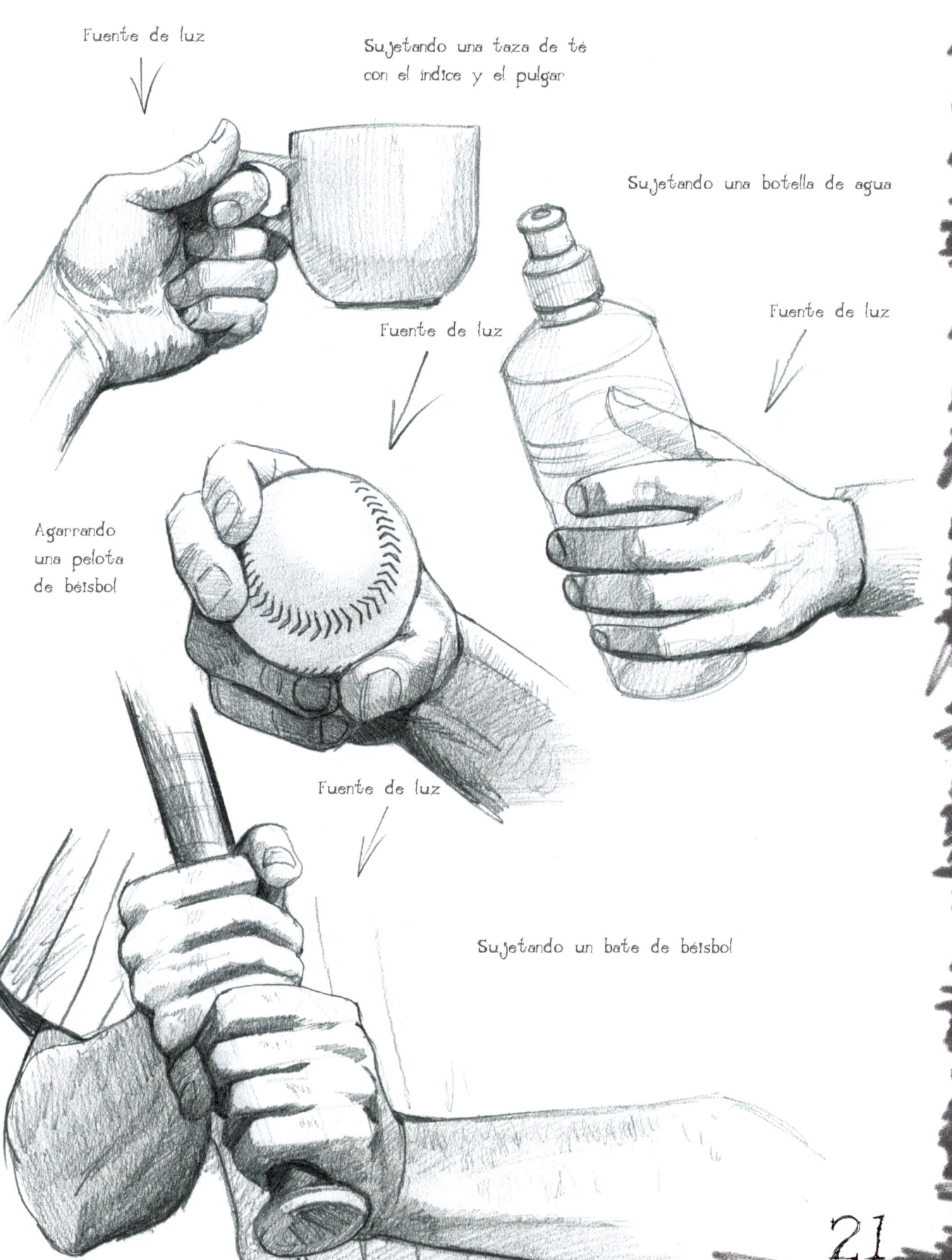

Fuente de luz

Sujetando una taza de té
con el índice y el pulgar

Sujetando una botella de agua

Fuente de luz

Fuente de luz

Agarrando
una pelota
de béisbol

Fuente de luz

Sujetando un bate de béisbol

21

Acciones a dos manos

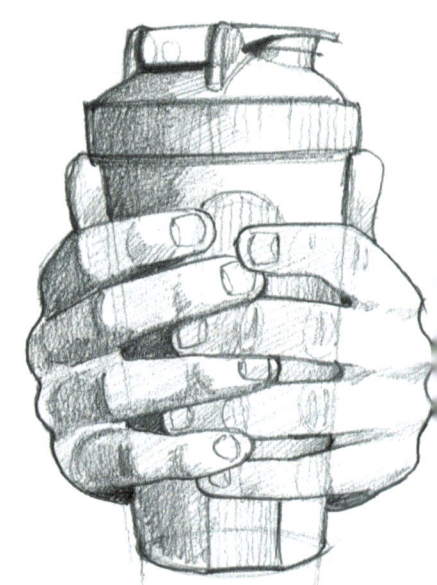

Una mano puede llevar a cabo acciones muy complejas ella sola, pero dos manos trabajando juntas pueden realizar tareas todavía más sorprendentes. Sin la interacción de ambas manos y de sus diez dedos, no serías capaz de tocar un instrumento, tejer un jersey o conducir un coche.

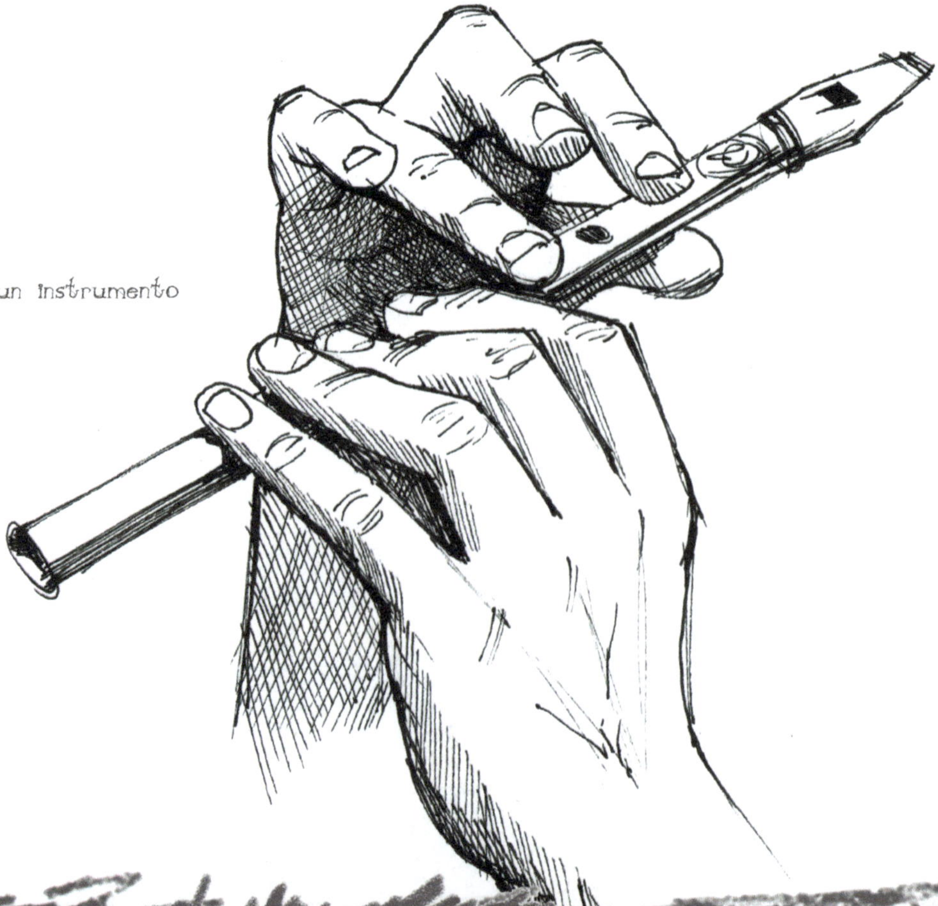

Tocando un instrumento

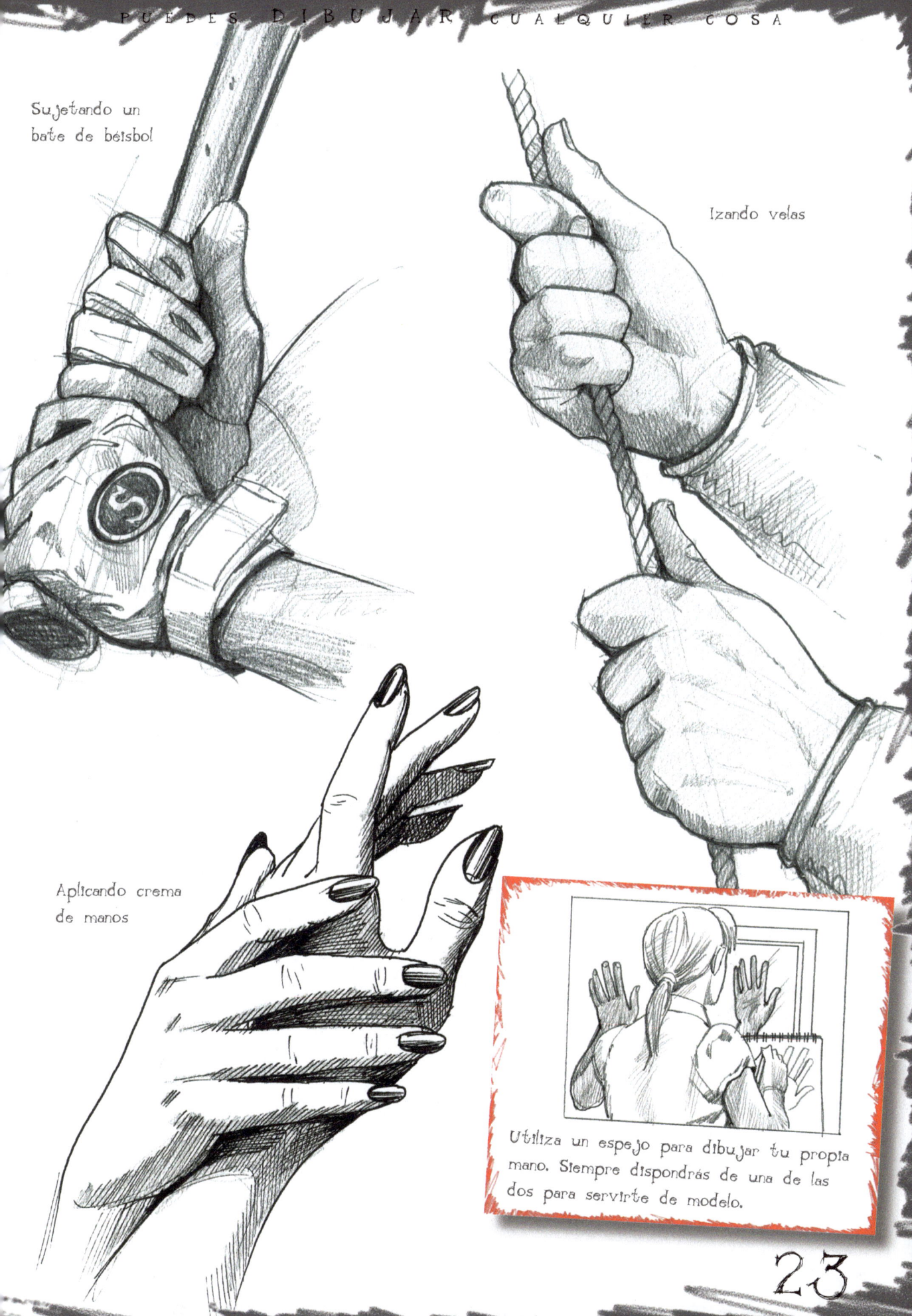

Sujetando un
bate de béisbol

Izando velas

Aplicando crema
de manos

Utiliza un espejo para dibujar tu propia
mano. Siempre dispondrás de una de las
dos para servirte de modelo.

23

En el interior del pie

El pie humano es una estructura tan compleja como la mano. Contiene 26 huesos, 33 articulaciones y más de cien ligamentos, tendones y músculos. Más de una cuarta parte de los huesos de tu cuerpo se encuentran en tus pies. Durante la vida de una persona normal caminarán unos 200.000 kilómetros, o unas cinco veces la vuelta al mundo.

Esqueleto

Musculatura

24

Los músculos, los tendones y los ligamentos de los pies permiten que éstos se muevan y realicen acciones complejas.

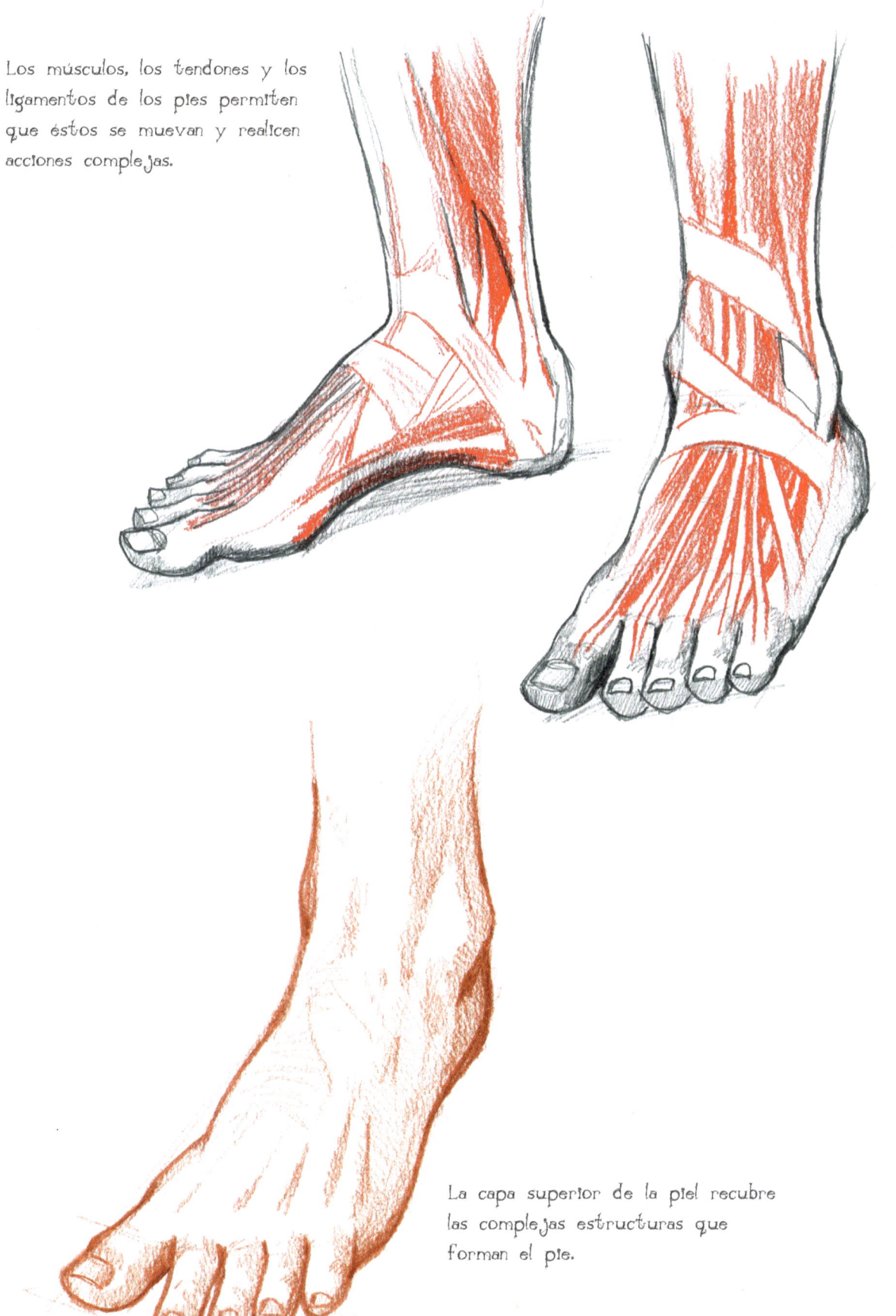

La capa superior de la piel recubre las complejas estructuras que forman el pie.

La estructura básica de los pies

Utiliza formas sencillas, como círculos, rectángulos y cuadrados, para esbozar la estructura inicial del pie. Ten cuidado para así conseguir las proporciones y la perspectiva correctas antes de empezar a añadir más detalles.

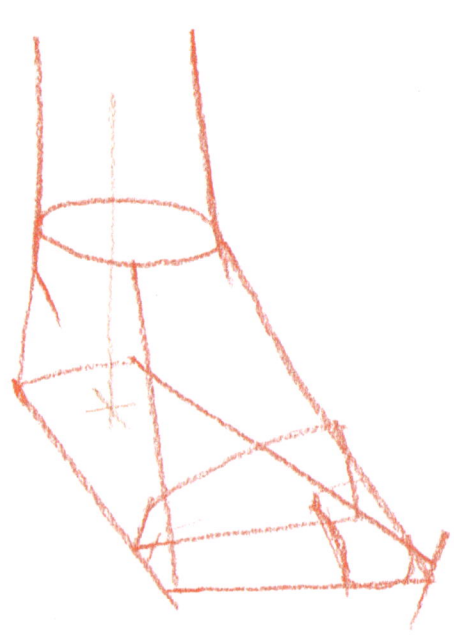

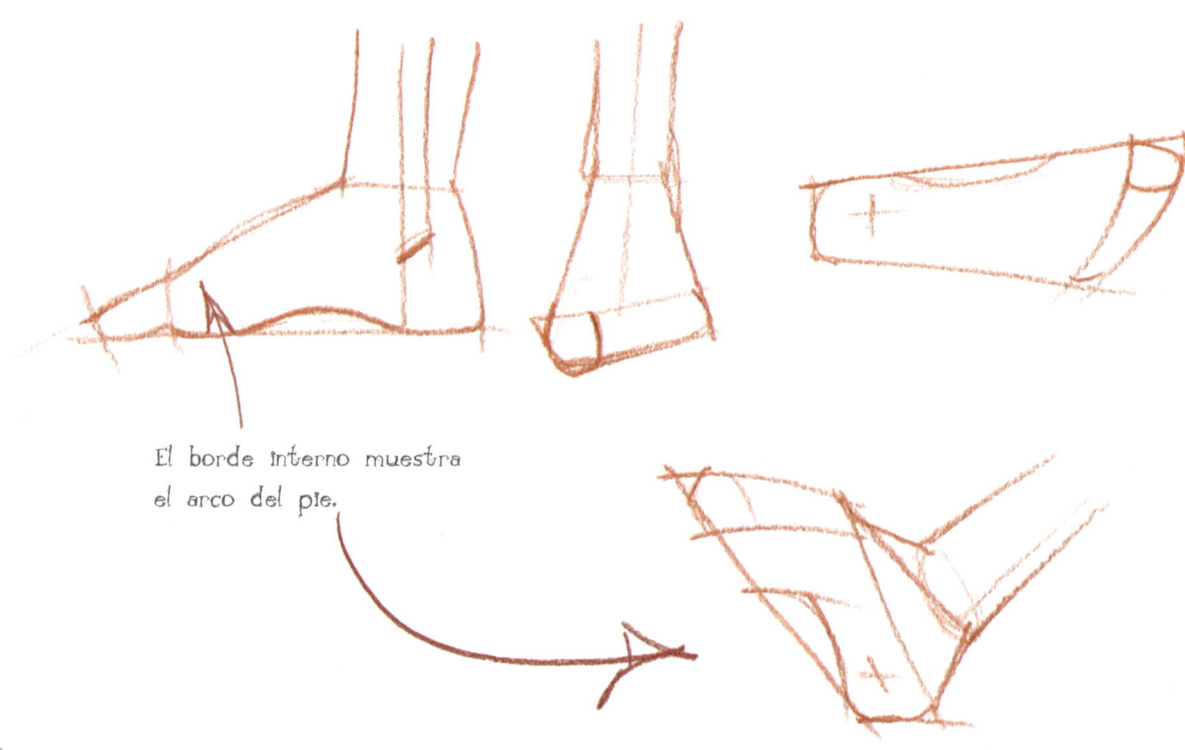

El borde interno muestra el arco del pie.

Practica haciendo esbozos del pie en muchas
posiciones distintas. Utiliza un espejo para
dibujar tu propio pie en caso necesario.

Pies trabajando juntos

Al igual que sucede con las manos, dos pies trabajando juntos pueden generar unas posibilidades infinitas. Gracias a la coordinación y la fuerza de los pies puedes bailar, correr un maratón o marcar un *hat trick*. Al dibujar ambos pies juntos, fíjate en los espacios y los ángulos entre ellos. Esto te dirá muchas cosas sobre el movimiento, la postura y el peso del cuerpo al que sostienen.

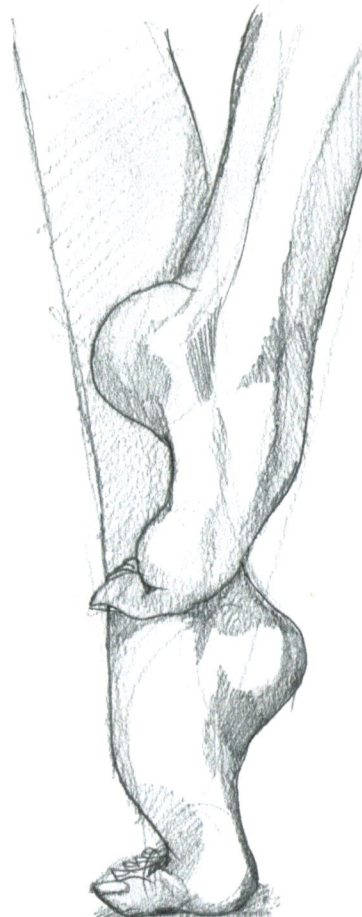

Ballet (pueden hacerse posiciones extremas)

Los pies pueden expresar emociones, personalidad y actitudes.

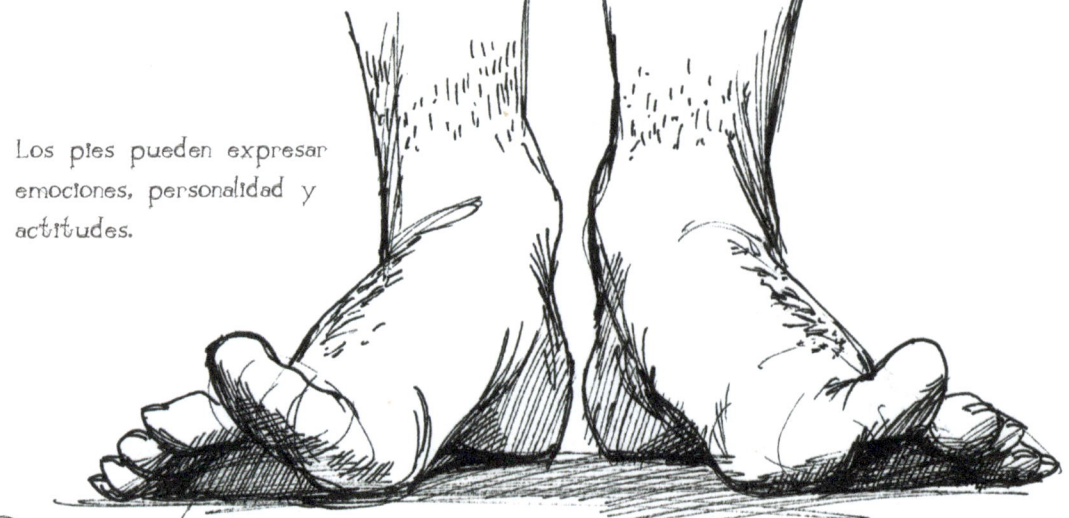

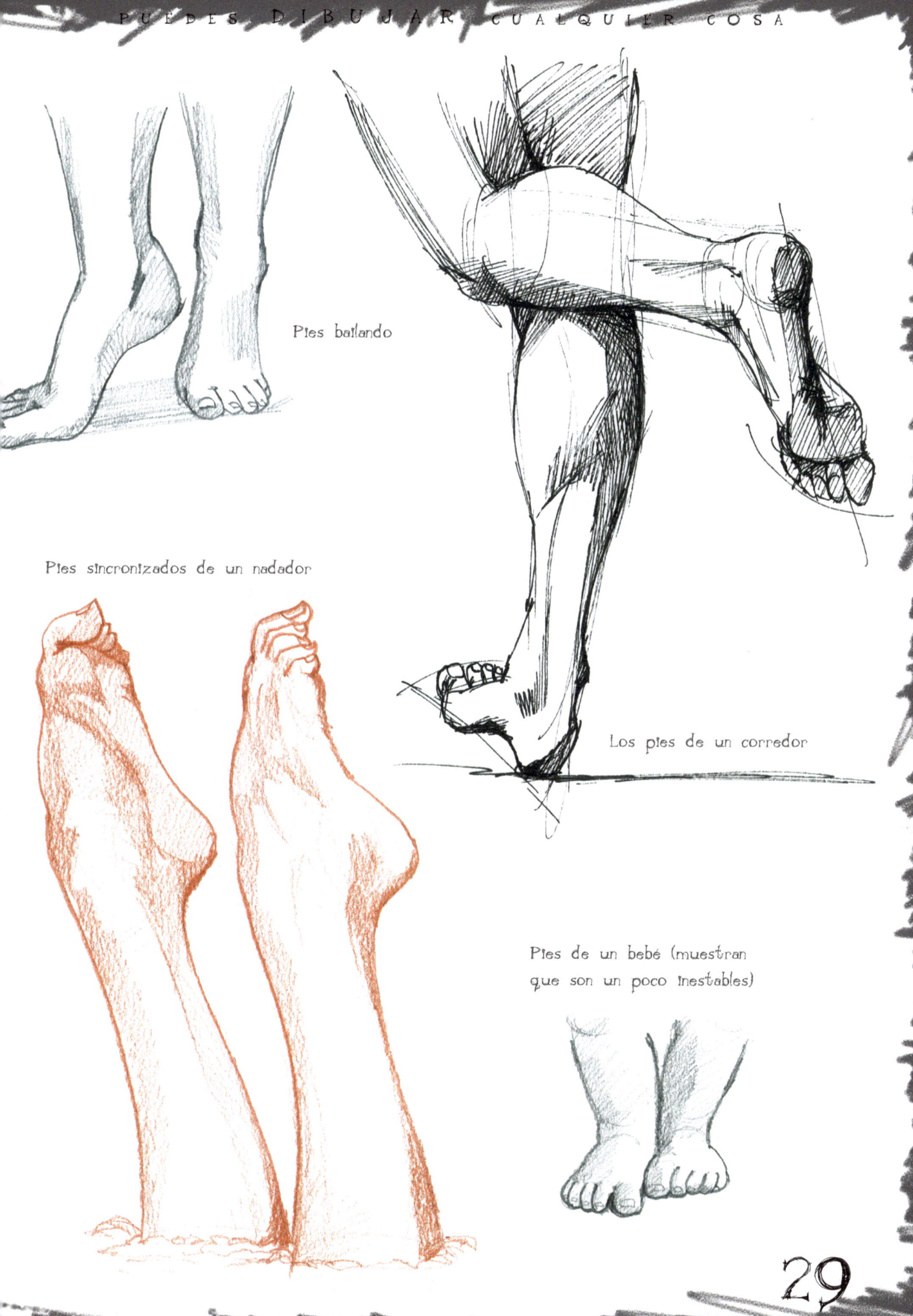

Pies bailando

Pies sincronizados de un nadador

Los pies de un corredor

Pies de un bebé (muestran
que son un poco inestables)

29

Luz y sombra

Para hacer que tu dibujo sea más realista, es importante captar con precisión cómo incide la luz sobre los pies. Experimenta con variedad de fuentes de luz procedentes de distintas direcciones. Una fuente de luz más intensa ayudará a definir la forma y la silueta.

Practica dibujando pies en muchas posiciones y con distintas fuentes de luz.

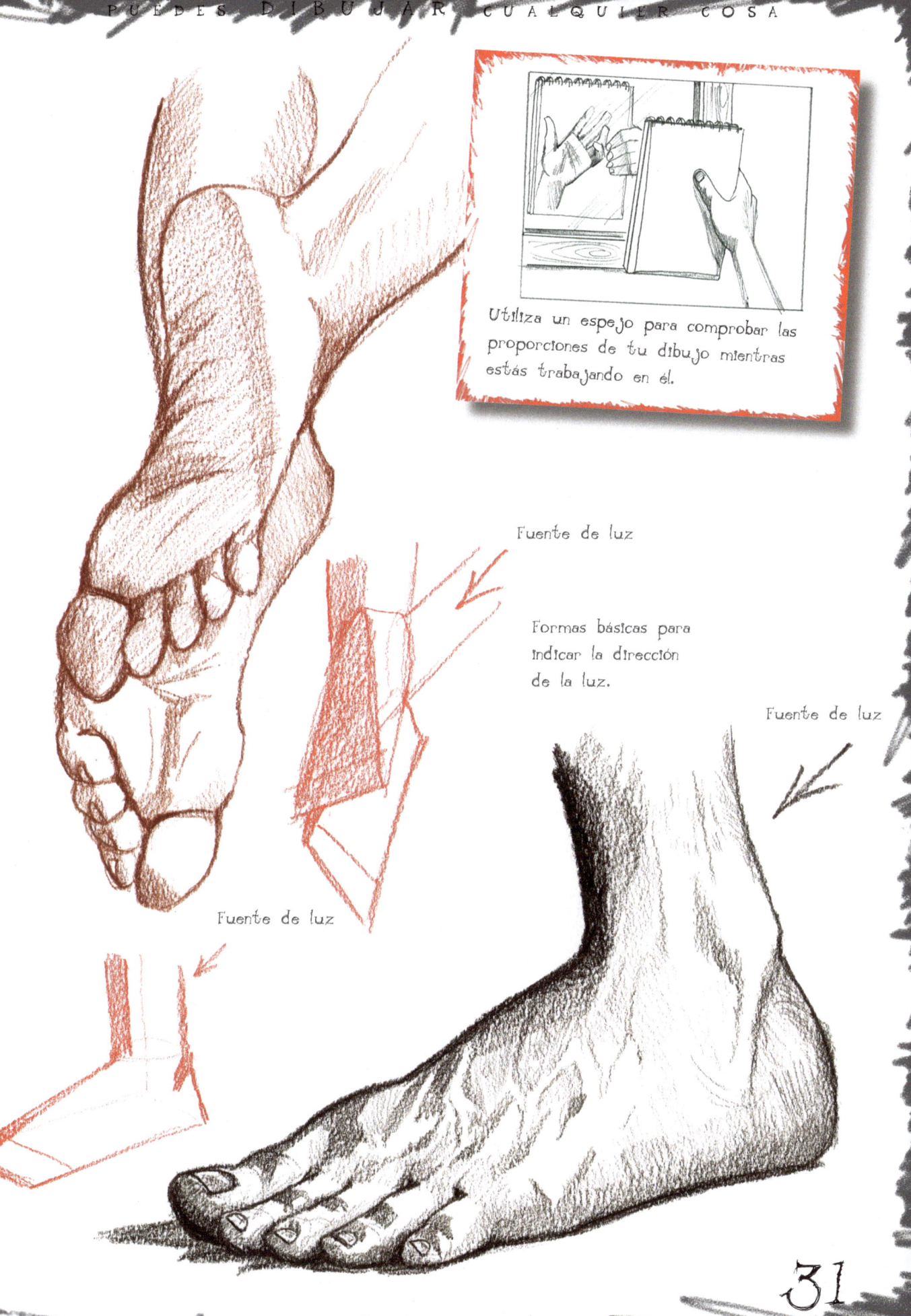

Utiliza un espejo para comprobar las proporciones de tu dibujo mientras estás trabajando en él.

Fuente de luz

Formas básicas para indicar la dirección de la luz.

Fuente de luz

Fuente de luz

Glosario

Colágeno: Una proteína presente en el cuerpo que mantiene la piel fuerte.

Fuente de luz: La dirección desde la que parece proceder la luz en un dibujo.

Perspectiva: Un método de dibujo en el que los objetos cercanos se muestran con un mayor tamaño que los lejanos para así aportar una impresión de profundidad.

Proporción: La relación de escala correcta entre cada parte del dibujo.

Rayado transversal: La utilización de líneas que se cruzan entre sí para mostrar un sombreado denso en un dibujo.

Silueta: Un dibujo que muestra sólo una forma oscura y plana, como una sombra.

Sombreado normal: La utilización de líneas paralelas para mostrar un sombreado suave en un dibujo.

Índice alfabético